AF382647

GUÍA DE LECTURA

Escrita por Natalia Torres Behar

Pedro Páramo

de Juan Rulfo

Entiende fácilmente la literatura con

ResumenExpress.com

www.resumenexpress.com

JUAN RULFO 9

PEDRO PÁRAMO 13

RESUMEN 17

La vida de Pedro Páramo
La caída de Comala y la muerte de Pedro Páramo
La historia de Juan Preciado

ESTUDIO DE LOS PERSONAJES 27

CONSIDERACIONES FORMALES 35

Estilo y lenguaje
Estructura y tiempo

TEMÁTICAS Y CLAVES DE LECTURA 43

Muerte y viaje
Revolución mexicana
La feminidad

PISTAS PARA LA REFLEXIÓN 49

PARA IR MÁS ALLÁ 53

JUAN RULFO

UNA ESCRITURA EN BUSCA DE LA PRECISIÓN

- **Nacido en 1917 en Jalisco (México)**
- **Fallecido en 1986 en Ciudad de México (México)**
- **Premios literarios:**
  - Premio Xavier Villaurrutia por *Pedro Páramo* (1957)
  - Premio Nacional de Literatura de México (1970)
  - Premio Príncipe de Asturias (1983)
- **Funciones destacadas:**
  - Miembro de la Academia Mexicana de las Letras (1976)
- **Algunas de sus obras:**
  - *El llano en llamas* (1953), cuento
  - *El gallo de oro* (1980), novela

Juan Rulfo fue un escritor, fotógrafo y guionista mexicano. Huérfano desde muy pequeño, pasó la mayor parte de su infancia en un orfanato.

En 1933 se fue a Ciudad de México a estudiar, pero por problemas burocráticos no pudo matricularse en la universidad. Sin embargo, asistió como oyente a clases de Historia del Arte, lo que lo hizo un gran conocedor de la historia, la antropología y la geografía de México, temas que después tendrían una gran influencia en su obra.

En 1934, Rulfo empezó a publicar pequeños trabajos literarios en la revista *América*, y en esa misma década empezó a trabajar con la Secretaría de Gobernación de México, lo que lo llevó a recorrer todo el país. En estos viajes, Rulfo conoció la pobreza y las dificultades de las personas que vivían en las regiones más apartadas de su país, y esto le sirvió de inspiración tanto para sus cuentos como para sus novelas, que tienen un importante contenido social. Las últimas décadas de su vida, Rulfo se dedicó a trabajar en el Instituto Nacional Indigenista de México.

Rulfo fue un hombre poco prolífico en el campo literario que buscaba ante todo la precisión; escribió solo dos novelas y diecisiete cuentos, que, sin embargo, fueron suficientes para consagrarlo como uno de los más grandes escritores de la literatura mexicana y latinoamericana.

Aunque fue su obra literaria lo que lo hizo famoso, en los últimos años su trabajo fotográfico ha despertado el interés de críticos e investigadores, y se ha hecho cada vez más importante. Elaborado durante los mismos años en los que escribía, pero absolutamente independiente de su escritura, este trabajo se centró, sobre todo, en retratar México.

¿Sabía que...?

Cuando le preguntaban por qué no había vuelto a escribir, Rulfo contestaba, medio en serio y medio en broma, que su tío Celerino, quien le contaba todas sus historias, había muerto.

PEDRO PÁRAMO

ENTRE EL REALISMO Y LA FANTASÍA

- **Género:** novela
- **Edición de referencia:** Rulfo, Juan. 2003. *Pedro Páramo y El llano en llamas*. Barcelona: Planeta
- **Primera edición:** 1955
- **Temáticas:** muerte y viaje, Revolución mexicana, feminidad

Pedro Páramo es una novela que combina realismo y fantasía de forma magistral. Narra la historia de Juan Preciado, un hombre que viaja a un pueblo llamado Comala en busca de su padre, Pedro Páramo, y quien pronto descubre que todos allí están muertos y que el pueblo está habitado por fantasmas. La novela reconstruye el pasado idílico del pueblo, cuando todos estaban vivos y Comala era un lugar próspero, y narra su decadencia.

El texto, escrito de una forma tan fragmentada que a veces resulta difícil seguir el hilo, reflexiona sobre el paso del tiempo y la muerte, examina la creencia popular de que hay almas que no descansan y vagan por la tierra en pena, y hace una dura crítica a la fallida revolución.

Pedro Páramo ha sido traducida a más de treinta idiomas y fue elogiada por famosos escritores como Gabriel García Márquez (1927-2014) y Jorge Luis Borges (1899-1986), quienes estaban seguros de que podría ser una de las grandes obras de la literatura universal.

¿SABÍA QUE...?

Concebida en 1947, *Pedro Páramo* es producto de un largo proceso de gestación y de cambios que se evidencia en los cuentos de *El llano en llamas*, que fueron la manera que tuvo Rulfo de acercarse a la escritura de esta novela, que le daba problemas. Esta se llamó primero *Una estrella junto a la luna*, *Los desiertos de la tierra* y después *Los murmullos*, pero finalmente Rulfo se decantó por Pedro Páramo por considerarlo un título más sencillo. Los tres títulos anteriores, sin embargo, le han dado pistas a diversos críticos para el análisis de la novela.

RESUMEN

Pedro Páramo es una novela constituida por una historia principal que se entremezcla con algunos fragmentos. Esos fragmentos dan acceso a las historias de otros personajes, pero no se trata de textos completos con un solo sentido, sino de partes en las que se traslucen y dan a entender algunos hechos. Por esa razón, hemos intentado unir todos los fragmentos que cuentan una misma historia en cada parte del resumen. Con todo, es importante recordarle al lector que esto no sucede así en la novela y que hay muchas historias que se relacionan entre sí.

LA VIDA DE PEDRO PÁRAMO

Pedro Páramo aún recuerda, aunque le gustaría no hacerlo, el día en que se enteró de la muerte de su padre, Lucas Páramo, que falleció cuando él era joven. Su juventud, sin embargo, no le impidió matar a todos los asistentes a la boda en la cual había estado cuando lo mataron.

La muerte de su padre provocó, además, que él quedara encargado de todas las tierras de la familia, a pesar de que siempre había sido un inútil con el que nadie contaba, pues desde pequeño se había negado a trabajar. Al menos eso pensaba Fulgor Sedano, la mano derecha de Lucas y su hombre de confianza, que fue a darle la mala noticia de que estaban quebrados y se debía mucho dinero, pues la familia Páramo estaba compuesta por un montón de irresponsables que devoraban todo el dinero y que iban a acabar con todo. Sin embargo, lo que le contestó Pedro Páramo lo sorprendió tanto que desde ese día aprendió a respetarlo: le preguntó a quién se le debía dinero; no cuánto, sino a quién.

Fulgor le respondió que a quien más dinero se le debía era a las hermanas Preciado. Entonces, Pedro Páramo le ordenó a Fulgor que fuera a pedir la mano de Dolores para él; al fin y al cabo, ella no era fea y así saldaría todas sus deudas. El matrimonio debía celebrarse cuanto antes y así se hizo, a pesar de las quejas de la ilusionada Dolores, que quería más tiempo para planear bien el evento. De esa unión nació Juan, con quien Dolores huyó a donde vivía su hermana, cuando aún era muy pequeño, un día en el que discutió con Pedro Páramo. Ella esperaba que Pedro fuera tras ellos y les pidiera que volvieran, pero eso nunca sucedió.

Por su lado, Pedro Páramo tenía problemas de tierras con algunos vecinos. Uno de ellos, le contó Fulgor, era Toribio Aldrete, que quería fijar unos límites claros entre sus tierras y las de Páramo. Con esa intención, Aldrete tomó bien las medidas de los terrenos y se adueñó de lo que le correspondía, pero Pedro Páramo no estuvo de acuerdo. Por esa razón, mandó a Fulgor a que lo acusara de usufructo —o de cualquier otra cosa que se le ocurriera— para poder quedarse con sus tierras: de ahora en adelante, ellos harían la ley. Cuando quedaron para hablar sobre qué hacer, Fulgor tuvo una discusión con Aldrete que terminó con la muerte de este último, lo cual hizo más fácil que Pedro Páramo se pudiera apoderar de sus tierras.

Un día, una de las muchas mujeres de Pedro Páramo tuvo un hijo, pero murió en el parto. Entonces, el padre Rentería fue al encuentro de Pedro Páramo para decirle que se encargara él del niño pues, como era hijo suyo, tenía mala sangre. Páramo quiso demostrarle al cura que eso no era cierto y acogió al niño, llamado Miguel. Miguel Páramo era un vago y un irresponsable, al que una vieja del pueblo, Dorotea, le conseguía mujeres para violarlas. Miguel era además pendenciero y asesinó a varios hombres, pero su padre se encargaba siempre de que su abogado lo defendiera y saliera impune. Un día, cuando iba a un pueblo cercano en busca de una mujer, cayó de su caballo y murió.

Aunque a Páramo no le importó la muerte de su hijo, supo que lo que le estaba pasando era porque lo merecía y era la forma que el destino había escogido para que pagara sus deudas.

LA CAÍDA DE COMALA Y LA MUERTE DE PEDRO PÁRAMO

Después de la muerte de su hijo, Pedro Páramo envejeció mucho. Además, se encontraba cansado y sin fuerzas. Sin embargo, un día se enteró de que Bartolomé San Juan, el padre de Susana, la única mujer a la que había amado, había aparecido en el pueblo después de treinta años. Así, se enteró de que Bartolomé buscaba protección, pues había oído unos rumores de un alzamiento popular cerca de su mina y no quería que nada le pasara a su hija. Entonces, Pedro Páramo le ofreció ayudarlo a cambio de que le diera la mano de Susana. Ella aceptó.

Susana había sido amiga de Pedro cuando eran pequeños. Fue a la única mujer a la que Pedro Páramo quiso de verdad, aunque cuando se la entregaron ya era vieja y estaba desmejorada y un poco loca. A Pedro Páramo no le importaba: ahora que la había encontrado por segunda vez, no la iba a dejar escapar.

Un día, un hombre fue a casa de Pedro Páramo y le anunció que un grupo de hombres, que se llamaban a sí mismos revolucionarios, habían matado a Fulgor, al que reconocieron como el administrador de las tierras de Páramo, y ahora iban a por él. Tranquilo, Pedro Páramo mandó invitar a los hombres a su casa a comer. Ellos le contaron que se habían levantado en armas contra el Gobierno y contra los ricos como él porque estaban aburridos de soportarlos. Entonces, Pedro Páramo les dijo que él simpatizaba con su lucha y prometió darles hombres y dinero para apoyar su revolución, aunque finalmente solo envió hombres y nunca les dio el dinero prometido.

Mientras tanto, la condición de Susana empeoraba. Siempre estaba acostada, tenía alucinaciones y se quejaba por las noches, pues sufría de insomnio y pesadillas. Los dolores, según Pedro Páramo, le venían de adentro, lo que hacía que no tuviera consuelo. Ella tenía su propio mundo interior al que ni él mismo podía acceder. Y esto fue así hasta el día de su muerte. Cuando ella murió, todas las campanas de las iglesias del pueblo sonaron durante días, lo que hizo que la gente pensara que era una fiesta. No hubo manera de hacerles entender que se trataba de un duelo y Páramo, como venganza, juró cruzarse de brazos para que Comala muriera de hambre. Eso fue lo que hizo.

Después de la muerte de Susana, se quedó sentado mirando por la ventana al camino por donde se la llevaron al camposanto. Perdió el interés, desalojó sus tierras y mandó quemarlo todo. La tierra quedó baldía, en ruinas y se llenó de plagas, y muchos habitantes del pueblo empezaron a marcharse en busca de un lugar mejor. Algunos se quedaron porque no tenían a donde ir y otros porque esperaban la herencia de Pedro Páramo, que les había prometido unas tierras.

Pero pasaron muchos años antes de que eso sucediera. Años en los que siguió la revolución, que terminó de acabar con todo lo que había sin que a Pedro Páramo le importara ya. Finalmente, Abundio, un arriero del pueblo, borracho y despechado pues su mujer había muerto, cogió un día un cuchillo y mató a Pedro Páramo.

LA HISTORIA DE JUAN PRECIADO

Juan Preciado, el narrador de la novela, va de viaje a Comala muchos años después de estos sucesos en busca de su padre. Sin embargo, en el camino se encuentra a un arriero, Abundio, que le cuenta que Pedro Páramo está muerto, pero que se puede quedar en una posada de una mujer llamada Eduviges. El pueblo que encuentra no se parece en nada al descrito por su madre: es un lugar desolado, abandonado y habitado por fantasmas, murmullos y almas en pena.

Cuando llega a la posada, Eduviges le dice a Juan que lo estaba esperando, pues su madre, Dolores, le avisó de su llegada. Con Eduviges,

Juan se entera de cómo fue el matrimonio de su madre con Pedro Páramo. La primera noche que se queda en la posada, Juan oye unos gritos en el cuarto de al lado, y cuando le pregunta qué sucede a una mujer en la calle, ella le dice que deben ser un eco atrapado allí, pues hace muchos años ahorcaron en ese cuarto a un hombre llamado Toribio Aldrete.

Después de escuchar esta noticia y de que la mujer desaparezca sin dejar rastro, Juan termina vagando solo por el pueblo, en el que parece no haber nadie, hasta que alguien lo hace entrar en su casa. En esa casa hay un hombre llamado Donis y una mujer. Le permiten quedarse a dormir allí con ellos y, por sus conversaciones, Juan se entera de que son los únicos en el pueblo que no están muertos y que son hermanos. Donis violó a la mujer y ella siente una gran vergüenza.

En medio de unos episodios confusos en los que Juan no sabe si está despierto o dormido, vivo o muerto, decide salir de la casa de los hermanos para intentar respirar, pero no hay aire y muere ahogado.

Es en ese punto de la narración cuando el lector se entera de que Juan está muerto también y que lo que parecía un soliloquio es, en realidad, una conversación, pues alguien lo interrumpe y le pregunta: «¿Quieres hacerme creer que te mató el ahogo, Juan Preciado?» (Rulfo 2003, 64). A esto, él le responde a Dorotea, su interlocutora, que lo que en realidad lo mató fue el miedo.

ESTUDIO DE LOS PERSONAJES

En esta parte, es importante aclarar que, como los personajes de *Pedro Páramo* están muertos, sus descripciones son pocas y fragmentarias. Al fin y al cabo, se trata de fantasmas, de ecos y voces que se oyen en la distancia.

JUAN PRECIADO

Es el protagonista y narrador de una buena parte de la novela. Hijo de un matrimonio de conveniencia y sin amor entre Dolores Preciado y Pedro Páramo, Juan va a Comala a buscar a su padre y reclamar todo lo que le pertenece. Al encontrarse con un pueblo abandonado y habitado por fantasmas, Juan muere de miedo y es enterrado allí.

PEDRO PÁRAMO

Es el terrateniente del pueblo. Un hombre mujeriego y cruel, ambicioso y falto de escrúpulos, corrupto y vengativo, que no duda en hacer lo que sea para conseguir sus fines: desde mentir e injuriar hasta asesinar. En un tiempo fue el responsable de la prosperidad de Comala y, después, de su completa destrucción. Lo único que redime a Pedro Páramo es su amor por Susana San Juan, que se mantuvo vivo incluso cuando ella ya era vieja y estaba loca.

SUSANA SAN JUAN

Según Pedro Páramo, Susana fue en su juventud la mujer más hermosa que había sobre la tierra, con «una boca y ojos como dulce» (Rulfo 2003, 120). Cuando era niña, después de que su madre muriera y nadie acudiera al entierro, su padre se la llevó a una zona minera. Allí, al parecer, abusó física y psicológicamente de su hija.

Estuvo casada con un hombre llamado Florencio, de quien enviudó. Eso la enloqueció definitivamente y cuando fue a vivir con Pedro Páramo, ya vieja, esta locura llegó a su mayor grado. No podía dormir y tenía alucinaciones. Decidió morir sin confesión.

PADRE RENTERÍA

El cura de Comala es un hombre corrupto y permisivo con los poderosos, pues teme perder su sustento. Por esa razón, da absoluciones a cambio de dinero. A veces la culpa lo persigue, pues sabe que no es justo con los pobres, que acuden a él en busca de consuelo y que son sus verdaderos fieles. En un punto de la novela decide unirse a los revolucionarios.

DOLORES PRECIADO

La madre de Juan fue una mujer bella y digna. Se casó feliz e ilusionada con Pedro Páramo, aunque la primera noche no pudo acostarse con él porque tenía su periodo. Por esa razón, le pidió a su amiga Eduviges que fuera por ella y se acostara con Pedro.

A pesar del fracaso de su matrimonio, ella estuvo esperando muchos años que Pedro fuera a buscarla y, en su lecho de muerte, le pidió a su hijo que buscara a su padre para reclamar lo que era suyo.

MIGUEL PÁRAMO

Es el único hijo reconocido por su padre. El cura Rentería se lo llevó a Pedro y este decidió acogerlo para demostrarle al cura que no tenía mala sangre. Malcriado y consentido desde pequeño, se volvió un hombre pendenciero y agresivo que violaba mujeres. Según Fulgor, era tan violento y vivía tan deprisa que parecía estar apostando carreras con el tiempo. Finalmente, murió en un accidente al caerse de su caballo.

FULGOR SEDANO

Es un hombre leal a la familia Páramo y entregado a su trabajo. Es la mano derecha de Pedro Páramo, su consejero, el administrador de la finca, su mensajero y, sobre todo, el encargado de hacer todo su trabajo sucio. Es asesinado por los revolucionarios.

DONIS Y SU HERMANA

Los únicos vivos en Comala tienen una relación incestuosa y viven absolutamente desnudos. Acogen a Juan cuando este está perdido en mitad del pueblo. La mujer se siente culpable de su relación con su hermano y se imagina que está cubierta de manchas moradas que la delatarían si saliera a la calle. Como Juan muere cuando está bajo su cuidado, Donis es quien se encarga de enterrarlo.

EDUVIGES DYADA

Es la mejor amiga y confidente de Dolores Preciado. Se suicidó, por lo que el cura Rentería no quiso rezar por su alma. El lector empieza a sospechar que está muerta cuando Juan habla con ella, no solo porque puede comunicarse con Dolores, sino porque Juan la describe como una mujer de piel transparente que parece que no tiene sangre, con las manos marchitas y llenas de arrugas, a quien no se le ven los ojos.

TORIBIO ALDRETE

Es el vecino de finca de Pedro Páramo. Es acusado por este de usufructo y asesinado en la posada de Eduviges Dyada por Fulgor Sedano.

DOROTEA

Es otra mujer del pueblo, la que le conseguía mujeres a Miguel Páramo para que las violara, y fue enterrada al lado de Juan. Este le está contando toda su historia a ella, mientras se oyen voces y ecos lejanos de otras almas en pena.

ABUNDIO

Este humilde arriero es la primera persona con la que Juan interactúa al llegar a Comala. Borracho y desconsolado, fue quien asesinó a Pedro Páramo, que también era su padre.

CONSIDERACIONES FORMALES

ESTILO Y LENGUAJE

Estilo

Se puede decir que el estilo de *Pedro Páramo* es cercano a la mitología, pues comparte con ella algunos elementos como el empleo del tiempo y la búsqueda del origen. Como Telémaco en la mitología griega, que fue en busca de su padre Odiseo, Juan viaja a Comala en busca de su padre. Pero, lo que es más, viaja también en busca del paraíso perdido de su madre. Esto hace que la novela, como señala José Carlos González Boixo, beba de dos corrientes mitológicas: la griega y la judeocristiana. Juan no solo está buscando a su padre, sino que también está buscando la tierra prometida y el paraíso bíblico.

Pero la novela no solo bebe de la mitología en cuanto a sus temas, sino que también lo hace debido a su empleo del tiempo. A pesar de que la novela está situada históricamente en el México de principios del siglo XX, el tiempo es cíclico. Lo que creímos que era el principio es en realidad el final, el final no es el final y la historia de Pedro Páramo, de niño a viejo, empieza y termina con las mismas palabras: «ya voy, ya voy» (Rulfo 2003, 17 y 132). Además, los personajes, al ser almas en pena, viven eternamente, están condenados para siempre a vagar por la tierra. En Comala, la tierra de los fantasmas, todos los días son el mismo día y cada día es solo un fragmento más de una eternidad de condena, de angustia y de sufrimiento.

Debido a esa combinación de realidad, tiempo mítico y episodios fantásticos, se ha dicho de *Pedro Páramo* que podría ser el padre del realismo mágico. En la novela, los eventos fantásticos, que sorprenden al lector y que muchas veces lo desubican, son comunes, forman parte de la vida cotidiana y de lo ordinario: para los fantasmas es normal estar muertos y vagar por la tierra quejándose y conversando entre ellos; es más, se puede decir que estar muerto es aburrido y tedioso y por eso se ven obligados a charlar. Incluso a Juan, que está vivo y tiene una misión, no parece sorprenderle demasiado el hecho de que el pueblo esté habitado por almas en pena. Así, lo normal y ordinario en esta novela es la muerte y el hecho de poderse comunicar desde ella, mientras que lo fantástico es, justamente, que semejante historia pueda ser presentada como cotidiana y real.

Lenguaje

El lenguaje es un elemento fundamental de esta obra, pues lo único que tenemos de la historia son unas voces, unos ecos, unos murmullos. Así, la novela está repleta de voces de personajes del pasado que, muchas veces, se confunden entre sí: la narración de Juan Preciado; Pedro Páramo hablándole a Susana San Juan y recordando su pasado (tal vez la más fácil de distinguir debido al uso del «tú»); las quejas de Susana San Juan; los gritos de Toribio; las oraciones del cura Rentería, etc.

Pero, además, la que articula toda la novela es esa voz de Juan Preciado. No es hasta la mitad de la obra que descubrimos que no es un soliloquio, sino una conversación desde la muerte. La voz de Juan —que a veces no es tan clara, pues se confunde con los ecos que llegan— es la que nos guía a lo largo del texto y la que, en última instancia, intenta organizar las otras voces para que el lector no se pierda tanto como él. La voz de Juan tiene la función de revivir una historia que estaba muerta y ser su enlace con nosotros.

ESTRUCTURA Y TIEMPO

Como hemos dicho con anterioridad, la estructura de *Pedro Páramo* está compuesta por breves fragmentos a los que el lector les tiene que ir dando sentido y significado mientras avanza en la lectura. Durante este avance, el lector está completamente desubicado y no solo no puede identificar a quién pertenecen todos los fragmentos, sino que, además, tampoco puede averiguar dónde están situados en el tiempo. Esta es, quizás, la razón fundamental por la que esta novela resulta tan novedosa e interesante, pues, en esencia, es simplemente el relato de la vida y muerte de Pedro Páramo. Sin embargo, el uso de fragmentos no es deliberado; por el contrario, es una estrategia: «El "fragmentarismo" de nuestro autor es, en rigor, una técnica narrativa sumamente eficaz; una técnica que evita largas descripciones, minuciosas aclaraciones y advertencias superfluas. La novela se ilumina a sí misma» (Costa Ros 1976, 139).

El relato, pues, está compuesto por tres líneas narrativas: en primer lugar, la narración en primera persona de Juan Preciado, el hijo de Páramo; en segundo lugar, la narración de algunos personajes que dialogan o cuentan breves episodios que complementan la historia; finalmente, la vida de Pedro Páramo, narrada por una voz en tercera persona. Así, para entender completamente la estructura de la novela hay que distinguir los fragmentos en los que Juan está presente, narrados en primera persona, y los fragmentos en los que él no está, narrados en tercera persona. Pero hay que tener cuidado con algunos en los que Juan simplemente está repitiendo lo que oye de unos ecos que le llegan.

Además de lo anterior, se puede decir que la novela está dividida en dos partes y un intermedio que sirve de explicación de la primera y de transición hacia la segunda. El intermedio estaría constituido por el episodio en el que Juan Preciado muere y nos enteramos de que lo que habíamos leído hasta ese momento era parte de una conversación con Dorotea, otra muerta. Así, la función de este intermedio es muy importante, pues nos revela la verdadera perspectiva de la novela, lo que hace que nuestra lectura de la segunda parte sea completamente diferente.

En la segunda parte, como el lector tiene más información, puede entender, en retrospectiva, fragmentos que al principio no eran claros. Esta técnica se repite a lo largo de la novela, en la que el lector se encuentra con una historia corta que no parece estar relacionada con lo que venía leyendo. Sin embargo, si avanza unas páginas más, la clave de comprensión se le revela. Toda la narración avanza, entonces, a través de historias que se complementan y explican paralelamente, de breves acotaciones teatrales que explican el ambiente del episodio particular y de versiones de un mismo episodio narradas, por ejemplo, primero en primera persona y después desde una perspectiva externa que ayuda a entenderlas mejor.

TEMÁTICAS Y CLAVES DE LECTURA

MUERTE Y VIAJE

El viaje es un tema común en la literatura, y los hay de muchos tipos. En el caso de *Pedro Páramo* es Juan quien hace un viaje con un objetivo particular: encontrar a su padre. Este viaje de búsqueda, sin embargo, lo llevará al descubrimiento de la verdad —su padre fue un mal hombre y merece estar muerto, mientras que el pueblo idílico de su madre nunca existió—, pero también a descubrir la muerte.

La culminación de su viaje debe ser necesariamente esa. No solo porque la muerte es inevitable en toda vida humana, sino porque, de alguna forma, Juan va a morir a Comala en reemplazo de su madre, como él mismo lo asegura: «Mi madre, que vivió su infancia y sus mejores años en este pueblo y que ni siquiera pudo venir a morir aquí. Hasta para eso me mandó a mí en su lugar» (Rulfo 2003, 69). Con su viaje a la muerte,

Juan debe cerrar un ciclo y la historia de todo un pueblo condenado.

Justamente por esto último, se puede decir también que el viaje de Juan es un viaje al infierno, otro tema común de la literatura. A diferencia de lo que su madre le había dicho, Comala no es un pueblo bonito, verde, próspero y cubierto de maíz, sino un lugar abandonado y fantasmal. Como el infierno, Comala está habitado por almas en pena que no descansan y es un lugar desértico, caliente y sin aire. Como en el infierno, Juan va allí a pagar sus culpas, aunque en su caso, él no es culpable por sí mismo, sino que carga con la desgracia de ser el último hijo de Pedro Páramo.

REVOLUCIÓN MEXICANA

Aunque no es el tema principal de la novela, la revolución es algo que siempre está en el fondo de la misma. Incluso Pedro Páramo, el mayor hacendado del pueblo, termina formando parte de ella y ayudando a financiarla. Por supuesto, no se trata de un acto desinteresado de Páramo ni de un momento de conciencia social, sino que, por el contrario, él sabe que apoyando la revolución sus tierras y su lugar en la sociedad estarán seguros.

Es esa, justamente, la crítica que Rulfo hace a la Revolución mexicana: esta estaba llena de intereses particulares y, por eso, a pesar de las luchas y las muertes, después de 1917 y de la nueva Constitución, muchas cosas continuaron como antes y el orden social siguió siendo injusto.

Así, algunos críticos han visto en el Comala eternamente condenado a su estado entre la vida y la muerte una representación del México en el que vivió Rulfo, un México muy pobre y miserable, de regiones rurales absolutamente abandonadas y con una sociedad completamente rota por las diferencias políticas. Comala es, pues, la representación de esa sociedad que produjo una revolución fallida que, sin embargo, se perpetuó en el poder y no trajo nada bueno para el pueblo.

La Revolución mexicana es considerada el episodio histórico más importante del siglo XX para el país. Se ha dicho que es una revolución agraria pues en 1910, tras treinta y cuatro años de dictadura, solamente el 1 % de la población mexicana era dueña o controlaba el 85 % de las tierras cultivables, y las poblaciones rurales no tenían casi tierra para cultivar o dependían de las haciendas vecinas para su sostenimiento. En este contexto, muchos hombres se alzaron contra el Gobierno y los terratenientes y, en 1917, tras siete años de enfrentamientos armados, se proclamó la nueva Constitución que les dio derechos a los campesinos y separó a la Iglesia del Estado.

LA FEMINIDAD

Si se lee con detenimiento, se puede ver que, en su mayoría, los personajes con los que Juan Preciado interactúa son mujeres. A excepción de Abundio y de Donis, con quienes solo intercambia unas pocas palabras, las mujeres están en todas partes. Primero su madre Dolores, luego, Eduviges, que era como una segunda madre, después la esposa de Donis y, finalmente, Dorotea, con quien está hablando. Pero, además, toda la historia y la vida de Pedro Páramo giran, en el fondo, en torno a una mujer: Susana San Juan.

Así, las dos historias principales de la novela (la de Juan y la de Pedro Páramo) se orientan hacia dos figuras femeninas principales: Dolores, que representa la ilusión y la nostalgia de un paraíso perdido, y Susana, que representa la decadencia y el desengaño.

De esta manera, todas las mujeres rodean a Juan y lo protegen casi como madres, pero al tiempo son las que confunden y obstaculizan la comprensión de Juan y, de una forma u otra, lo llevan a la muerte. Así, se puede decir que lo femenino en esta novela es complejo y doble: las mujeres protegen y tranquilizan, pero también confunden y matan. Y todas reproducen, de alguna forma, la relación de Juan con su madre que, como se dijo más arriba, está marcada por un lado por la ilusión y por el otro por la muerte, debido a que Juan debe ir a Comala a morir por ella.

PISTAS PARA LA REFLEXIÓN

ALGUNAS PREGUNTAS PARA PROFUNDIZAR EN SU REFLEXIÓN...

- ¿Hasta qué punto es Juan Preciado confiable como narrador?
- ¿En qué medida hace esta novela un retrato fiel del México de principios del siglo XX?
- Teniendo en cuenta su lectura, ¿diría que Juan Rulfo estaba a favor o en contra de la Revolución? Justifique su respuesta.
- ¿Cuál cree que es la función de la fragmentación en la novela?
- ¿Cuál es el papel de las mujeres en la novela? Desarrolle su respuesta.
- ¿Se podría decir que *Pedro Páramo* es una novela del realismo mágico? ¿Por qué?
- ¿Está de acuerdo con que esta novela es una de las grandes obras de la literatura universal? ¿Qué elementos tomaría para emitir este juicio? ¿Por qué?

¡Su opinión nos interesa!
¡Deje un comentario en la página web de su librería en línea,
y comparta sus favoritos en las redes sociales!

PARA IR MÁS ALLÁ

EDICIÓN DE REFERENCIA

- Rulfo, Juan. 2003. *Pedro Páramo y El llano en llamas.* Barcelona: Planeta.

ESTUDIOS DE REFERENCIA

- Bastos, María Luisa y Sylvia Molloy. 1977. "La Estrella junto a la luna: variantes de la figura materna en Pedro Páramo". *MLN*, vol. 92, n.º 2, 246-268.

- Costa Ros, Narciso. 1976. "Estructura de Pedro Páramo". *Revista chilena de literatura*, n.º 7, 117-142.

- González Boixo, José Carlos. 1983. *Claves narrativas de Juan Rulfo.* León: Universidad de León.

- Sánchez, Elizabeth. 2003. "The Fractal Structure of 'Pedro Páramo': Comala, When Will You Rest?". *Hispania*, vol. 86, n.º 2, 231-236.

- Sieber, Carol Lynn. 2008. "Fantastic Interpretations of Time in Juan Rulfo's 'Pedro Páramo', Julio Cortázar's 'Rayuela' and José Lezama Lima's 'Paradiso': A Modern Continuity of the Baroque". *Hispania*, vol. 91, n.º 2, 331-341.

LECTURAS RECOMENDADAS

- Jiménez, Víctor, Alberto Vital y Jorge Zepeda, coord. 2006. *Tríptico para Juan Rulfo: Poesía/Fotografía/Crítica.* México: Editorial RM.

  Se trata de una colección de sus fotografías, su poesía, y varios artículos sobre estos temas.

- Vital, Alberto. 2003. *Noticias sobre Juan Rulfo.* México: Editorial RM.

ResumenExpress.com